Couvertures supérieure et inférieure
en couleur

RÉFLEXIONS
POLITIQUES

SUR LA QUESTION PROPOSÉE

PAR L'ACADÉMIE DE CHALONS.

Quels sont les moyens de faire naître & d'encourager le Patriotisme dans une Monarchie, sans altérer ni gêner en rien le pouvoir exécutif propre à ce genre de Gouvernement.

RÉFLEXIONS POLITIQUES

Sur la Question proposée par l'Académie de Châlons : — *Quels sont les moyens de faire naître, &c.*

CES réflexions doivent faire partie d'autres considérations politiques ; en les publiant dans ce moment, je n'ai aucune prétention au Prix que l'Académie de Châlons est dans l'intention de décerner à celui qui aura le mieux traité l'importante Question qu'elle a proposée, j'ai voulu seulement lui faire hommage de mes idées sur cet objet.

Quels sont les moyens de faire naître & d'encourager le Patriotisme dans une Monarchie, sans altérer ni gêner en rien le pouvoir exécutif propre à ce genre de Gouvernement.

Telle est la Question proposée par l'Académie.

A

La plus importante fonction de la Philosophie, & le plus noble emploi que les Gens de Lettres puissent faire de leurs talents, c'est de démontrer aux hommes qu'ils trouveront toujours leur bonheur & leur avantage personnel dans l'attachement à leur Patrie, dans la soumission aux Loix & dans l'exercice d'une bonne morale; c'est de convaincre les Rois que leur véritable intérêt est de régir leurs Peuples par des Loix humaines & sages, de conserver à leurs Sujets, ou de leur redonner de l'énergie par un usage modéré de la puissance souveraine; de les rendre heureux par un sage & utile emploi des tributs & des richesses nationales; enfin de développer & favoriser le patriotisme par tous les moyens possibles.

Jamais, dans notre Europe, les esprits n'ont été plus généralement disposés à entendre avec fruit ces vérités, que dans ce moment; depuis le Trône, jusques sous le chaume, on en sent

l'importance ; l'on differte fur leurs
conféquences dans les palais des Grands,
& à la table des Riches ; l'on s'occupe
dans le filence des cabinets à en démontrer les avantages ; & dans fa cabane
ou fur fon lit de douleur, l'humble
Cultivateur & l'Artifan infirme & aban-
donné, inftruits de la fermentation générale, ofent enfin fe flatter, avec
raifon, de voir améliorer leur fort.

Jadis les Rois, encore à demi-fau-
vages, de l'Europe, cherchoient à
l'emporter & à fe diftinguer entr'eux,
par la force du corps, & par un courage
féroce qui tenoit plus de la témérité que
de la véritable valeur, & qui fouvent
entraînoit les plus grands malheurs pour
leurs Peuples.

Aujourd'hui les Monarques Euro-
péens, fans négliger, dans l'occafion,
de montrer une valeur fage & réfléchie,
mettent leur gloire à bien gouverner,
à améliorer le fort de leurs Peuples,
& à perfectionner l'adminiftration dans

toutes ses parties, & sur-tout dans tout
ce qui tient à la législation, aux finances,
au commerce & à la culture.

Ce n'est qu'en se conduisant ainsi
qu'ils peuvent, dans ce siecle éclairé,
mériter & acquérir une véritable gloire,
gloire d'autant plus solide & plus flat-
teuse, qu'elle est accompagnée de la
reconnoissance & des bénédictions de
leurs Peuples, & qu'elle a pour base
le bonheur de l'humanité.

Dans l'état actuel des choses, &
d'après la disposition générale des
esprits, tous les Rois de l'Europe sont
dans l'heureuse possibilité d'exécuter
leurs projets de bienfaisance, & de
réaliser les vues paternelles qui les
animent ; mais de tous les Potentats,
le Monarque de la France jouit, à cet
égard, des plus grands & des plus
précieux avantages.

Pere adoré d'une grande & généreuse Nation passionnée pour ses Rois,
le Monarque en France jouit à ces

avantage, celui de régir un empire qui
ne se trouve point, comme la plupart
des autres, habité par deux Nations
ennemies, l'une conquérante, & l'autre
sujette ou esclave.

Depuis des siecles, les différentes
races de Francs, de Gaulois, de Ro-
mains, & celles des Goths & des Da-
nois, qui sont, avec les Belges, les
souches diverses de la nation Française,
se sont tellement amalgamées & fondues
ensemble; & à des époques plus rap-
prochées de nous, la tyrannie du gouvernement féodal, source éternelle de
divisions intestines, s'est si complette-
ment évanouie devant la Majesté royale,
que tous les Habitants de la France se
regardent aujourd'hui comme freres,
comme fils d'un même pere, & comme
membres d'une seule famille, (1) plus

(1) Les Notables ont dit au Roi, qu'il n'y avoit,
à proprement parler, qu'un Ordre en France, que
la Nation étoit une, & que le premier des titres
aux yeux des Grands & des Princes même du

ou moins bien partagés, il est vrai, des dons de la fortune ; mais n'en étant pas moins tous Français pour cela.

C'est cette affection filiale des Français pour leurs Rois, publiquement reconnue par notre Monarque dans l'Assemblée qu'il vient de convoquer ; c'est cette unité, cette identité nationale, que les premiers Ordres de l'Etat se sont fait une gloire, dans cette même Assemblée, de consacrer en principe, qui font la plus grande force de la Monarchie Française, & qui donneront toujours à nos Rois, exclusivement à tous autres, les plus puissants moyens pour faire le bien de l'Etat, & pour détruire les abus qui, tôt ou tard, se glissent dans toutes les institutions humaines.

Le plus grand des abus dans un Etat monarchique, seroit, ou un gouvernement destructeur des Loix, ou un gou-

Sang Royal, étoit d'être Français ! ... Ce seroit faire injure à nos Lecteurs, que de nous permettre des réflexions sur un langage aussi noble.

vernement infouciant, & complice, par cela feul, des malheurs publics ; l'un ou l'autre, en faifant plus ou moins directement le malheur des Peuples, les détache également de l'amour qu'ils doivent à leur patrie, ébranle, par cela feul, la bafe des Empires, & finit par les anéantir.

Expofons donc quels font les principaux moyens par lefquels, dans une Monarchie, l'on peut prévenir ces malheurs, ou les réparer; en un mot, faire renaître ou fortifier le patriotifme.

Malgré l'opinion contraire d'un grand homme, je l'ai dit ailleurs (1), & je le penfe. . . . . le patriotifme n'eft pas plus étranger aux Citoyens d'une Monarchie qu'à ceux d'une République, mais il dérive & eft exalté par une caufe différente.

Dans les Républiques, le patriotifme naît de la conviction que chaque Ci-

_____

(1) Confidérations Politiques, page 12.

royen a de la fageffe & de l'excellence
des Loix, qu'il fuppofe concourir à
l'avantage général.

Dans les Monarchies, il naît de la
confiance que la Nation croit devoir
à fon Roi, & des vues utiles & bienfaifantes qu'elle lui connoît, ou qu'elle
lui fuppofe.

D'où il réfulte que le premier mobile
du patriotifme, dans les Monarchies
en général, & en France en particulier,
eft l'opinion que le Monarque a donnée
à la Nation de fon zéle pour le bien
public, de fa loyauté, en un mot de
fon caractere.

Rien de plus fimple & de moins
fyftématique que cette idée. Lorfque
je préfentai cette vérité dans les Confidérations Politiques, j'eus la fatisfac-
tion de la voir faifie & applaudie par les
Philofophes, par les Gens de Lettres
& par des Hommes d'Etat.

J'ai l'avantage aujourd'hui de la voir
invinciblement prouvée par les faits

qui viennent de se passer sous nos yeux ;
& pour en convaincre , je n'ai besoin
que de résumer ces faits.

Par une suite d'événements malheureux, inutiles à détailler ici, mais uni-
verfellement connus, la France avoit
perdu sa considération au - dehors, &
sa tranquillité au - dedans , lorsque
LOUIS XVI monta sur le Trône. Ce
jeune Roi, doué d'un cœur loyal &
sensible, & qui tenoit à honneur d'être
né Français, & de régner sur des Français (1), se promit à lui-même de réparer tant de maux, & de régénérer une

---

(1) Les Freres du Roi pensent, à cet égard,
comme Sa Majesté. —— MONSIEUR a dit, en
adressant la parole au Roi, que *l'honneur d'être le
premier des Gentilshommes Français, lui étoit bien
précieux ; puisqu'il lui procuroit l'avantage d'être
leur organe auprès de Sa Majesté.*

Un tel langage dans la bouche de nos Princes,
les rend bien chers à toute la Nation ; & certes,
jamais ils ne sont plus grands que quand ils paroissent
oublier leur rang, pour se rapprocher de nous, &
s'identifier avec tous les Français.

Nation qui, bien que découragée, ne méconnoiſſoit ni ſes forces, ni ſes reſſources. La premiere, opération du Roi, fut de rendre aux Loix & aux Magiſtrats, leur antique ſplendeur. Le calme rétabli dans l'intérieur, le Monarque, en créant une marine, ſe mit en état de faire reſpecter la Nation au-dehors, ou de repouſſer les inſultes de ſes ennemis : la guerre éclata, mais des avantages marqués ramenerent une paix honorable, & qui lava la Nation de l'opprobre de n'être pas maîtreſſe chez elle, & dans ſes propres ports. Louis XVI n'abuſant point de ſa poſition, & ſatisfait d'avoir affoibli une puiſſance rivale, en détachant la moitié d'un monde de ſon Empire, conſentit à la paix, à des conditions plus avantageuſes que l'Angleterre n'avoit droit d'eſpérer ; & par cette conduite ſage & modérée, il éteignit, ou du moins affoiblit la haine de cette Nation, & ſe concilia l'eſtime & la confiance de toutes les Puiffances, qui lui en donnerent des preuves en s'en rapportant plus d'une fois à fa médiation fur leurs différends, prêts à embrafer l'Europe.

Cette politique fage & humaine, & cette conduite foutenue, en méritant à Louis XVI l'eftime & l'amitié des Puiffances étrangeres, lui avoient également concilié l'amour & la confiance de fes Sujets.

Depuis la paix, de grandes opérations, ou exécutées, ou projettées, telles que les canaux arrêtés ou commencés dans diverfes provinces, les ports de Dunkerque, du Havre, de la Rochelle, de Cette, d'Agde, de Vendre, réparés & augmentés, celui de Cherbourg créé, & entrepris pour donner dans la Manche un afyle à nos efcadres, qui n'en avoient point dans cette mer, (ouvrage prodigieux qu'il faut avoir vu pour pouvoir l'apprécier, & qui peut influer puiffamment fur le repos de l'Europe entiere,

en éloignant déformais la guerre , par
la raifon feule, que nous ferions plus
en état de la faire avec fuccès.) Les
encouragements donnés aux pêches ,
au commerce & à diverfes manufac-
tures ; l'effai fait en Guienne & en
Berri d'adminiftrations paternelles ; la
fuppreffion des tortures , en attendant
une réforme complette du Code crimi-
nel ; les foulagements provifoires donnés
aux malheureux qui gémiffent dans les
hôpitaux ; l'engagement public & touchant pris par le Monarque , de venir
plus efficacement encore au fecours de
ces milliers d'infortunés , dans un terme
court & fixe ; l'invitation attendriffante
faite , par un Roi fenfible , à fes Sujets
riches ou aifés , de contribuer avec lui
au foulagement de fes Sujets pauvres
& fouffrants ; tout cela avoit de jour
en jour fortifié l'amour & la confiance
des Français pour leur Roi , & les avoit
difpofés à de nouveaux efforts & à de
grands facrifices , fi les befoins de l'Etat

& l'honneur du nom Français l'exi-
geoient.

Telle étoit la disposition des esprits,
quand Louis XVI convoqua autour
de son Trône une Assemblée nationale,
pour lui révéler un secret qui pesoit
sur son cœur, & pour dévoiler la situation des finances de l'Etat, situation
dont le Roi s'étoit instruit en silence,
par un travail suivi & opiniâtre de plus
d'une année.

Les guerres dispendieuses & désas-
treuses des Rois ses prédécesseurs,
avoient déjà plusieurs fois porté le désor-
dre dans les finances; la guerre néces-
saire que Louis XVI lui-même avoit
terminée honorablement, & d'autres
causes sans doute, avoient encore fait
renaître le mal, la plaie étoit profonde,
invétérée, & menaçoit le Corps politique d'un bouleversement fatal & pro-
chain. Les Rois ses prédécesseurs avoient
essayé d'arrêter les progrès de cette gan-
grene politique, mais des palliatifs

cruels & déshonorants en la masquant un moment, n'avoient servi en réalité, qu'à l'accroître, en perdant le crédit public & en favorisant ou faisant naître mille désordres, résultats nécessaires de l'injustice, de la mauvaise foi, du défaut de confiance & de l'abus de l'autorité.

Louis XVI sentit que de pareils moyens non seulement étoient insuffisants, mais qu'ils étoient honteux, indignes d'un grand Roi, & que loin d'opérer le bien, ils ne pouvoient que déshonorer le Gouvernement & pervertir une Nation noble & généreuse, en lui donnant du haut du Trône l'exemple odieux de l'injustice, de la bassesse & de la mauvaise foi.

Louis XVI ayant donc adopté un plan digne de lui, parut avec confiance au milieu des Représentants de la Nation, environné de sa probité, de sa loyauté, de son amour reconnu pour son Peuple, du souvenir consolant de

tout ce qu'il avoit déjà fait pour le ma-
nifester, depuis qu'il étoit fur le Trône,
& apportant avec lui, pour relever encore le courage de fes Sujets, les projets
falutaires & paternels de la deftruction
des entraves du Commerce, de l'encouragement de l'Agriculture, par la liberté
de difpofer de fes produits, de la fuppreffion des corvées; de la modification
des gabelles, de la réforme d'une partie
des dépenfes dans les divers départements, de celle des dépenfes de fa propre Maifon, & enfin l'établiffement fi
defiré & fi important des Affemblées
provinciales dans toutes les parties de
fon Empire, qui n'avoient point l'avantage d'être Pays d'Etats, bienfait lui
feul inappréciable, & dont il eft im-
poffible encore de calculer les nombreux
avantages.

C'eft au milieu de ce cortege que le
Pere de la Patrie ne craignit pas de dé-
couvrir à fes enfants, à fes concitoyens,
le défordre des finances : après leur

avoir fait fonder la profondeur du mal, c'eſt à leur amour pour lui, & à la nobleſſe du caractere national, qu'il s'en rapporta pour combler l'abîme, & pour ramener enfin l'ordre ſi néceſſaire, & au bonheur des Peuples, & à la conſidération de l'Etat au-dehors.

LOUIS XVI ne fut point trompé dans ſon attente, & malgré l'énormité du mal qu'il falloit réparer, & la grandeur des ſacrifices néceſſaires pour y parvenir, l'Aſſemblée, frappée du caractere de ſon Roi, & des vues nobles & patriotiques qui l'avoient conſtamment dirigé depuis qu'il occupe le Trône, & qui l'animoient encore dans ce moment; l'Aſſemblée, après avoir pris connoiſſance, & des maux & des moyens propres à les réparer, s'empreſſa de voter pour ces moyens.

C'eſt ici que l'on peut juger de toutes les reſſources d'un Roi de France qui a eu l'avantage de ſe concilier l'opinion publique, par ſa conduite, & du pouvoir

voir qu'il a de faire naître & d'exalter
le patriotisme dans le cœur de ses
Sujets, sur-tout quand ce Monarque a
le bonheur de régner dans un siecle
éclairé.

Si depuis notre Henri IV, que les
Pontifes de Rome oferent deshériter
& flageller, après avoir traité ainfi tant
d'autres Monarques, le pouvoir facer-
dotal, graces au progrès des lumieres,
ne s'eft plus permis de pareils écarts :
fi depuis Louis XIII, l'anarchie féodale
eft détruite, & le pouvoir tyrannique
des Grands anéanti, il étoit refté de ces
régimes monftrueux & deftructeurs des
Empires & du bonheur des Peuples, il
étoit refté bien des abus, dont les plus
grands étoient, fans doute, de voir au
milieu d'une Nation éclairée, le Peuple
cultivateur porter prefque tout le poids
des impôts, par la raifon feule qu'il
n'avoit ni richeffes, ni dignités, ni
crédit, pendant que la claffe des Citoyens Ecléfiaftiques ou Séculiers qui

B

jouiſſoient par leur naiſſance, ou par
les bienfaits du Monarque , de tous les
avantages attachés à la fortune & aux
places éminentes, ne payoient que peu
ou point de tributs à l'Etat: de voir que
le Laboureur, qui pouvoit à peine ſe
procurer le néceſſaire, en cultivant, à
la ſueur de ſon front, un ou deux arpents, payoit des tributs à l'Etat pour
les biens de la terre qu'il faiſoit naître,
pendant que les riches oiſifs qui enfer-
moient dans leurs parcs des centaines
d'arpents qu'ils enlevoient à la culture,
& qu'ils vouoient à la ſtérilité, ne
payoient aucun tribut pour ces vaſtes
poſſeſſions, par la raiſon ſeule qu'ils
étoient riches, & qu'ils frappoient de
ſtérilité une partie du ſol de la France,
pour ſatisfaire leurs goûts ou leurs
caprices.

Il n'étoit pas moins déplorable de
voir les Payſans employés forcément
une partie de l'année, à conſtruire &
réparer les grandes routes à leurs frais,

(puifque l'on prenoit leur temps , leurs
bras , leurs outils, leurs chevaux ,)
pendant que les riches & grands Pro-
priétaires de terre, auxquels ces travaux
étoient le plus utile, n'y contribuoient
ni de leurs perfonnes , ni de leurs
bourfes.

L'Affemblée frappée de ces puiffantes
confidérations mifes fous fes yeux par
fon Roi, a prouvé qu'un Souverain en
France ne peut avoir la volonté du
bien, fans infpirer à fes Sujets la volonté de le faire : en effet ; malgré des
préjugés enracinés qui remontoient à
des fiecles (préjugés qu'une Philofophie
bienfaifante, & toûjours calomniée ,
n'a ceffé de combattre avec autant de
fuccès que de courage, depuis l'im-
mortel Fénelon jufqu'à nos jours ,) la
Nobleffe & le Clergé, fe montrant
véritablement dignes, & du nom de
Français , & du fiecle éclairé dans lequel
nous avons le bonheur de vivre, ont
voté unanimement de fe foumettre à

toutes les impositions nécessaires aux
besoins de la Patrie, sans aucune dis-
tinction, & dans la même proportion
que le Tiers-Etat.

Ces deux Ordres ont voté également
pour que toutes les terres qui leur ap-
partiennent, & particuliérement les
domaines de pur agrément, qui, pres-
que généralement, se trouvent dans
leurs mains, fussent assujettis à l'impôt,
comme les possessions du dernier
Paysan.

Ces mêmes Ordres ont voté encore
pour contribuer tous & chacun indivi-
duellement, à la prestation en argent
qui remplacera désormais les corvées
en nature.

Cest ce renoncement patriotique
des premiers Ordres de l'Etat, à des
priviléges abusifs & onéreux au Peuple,
qui procurera un des moyens les plus
efficaces de couvrir le *déficit.*

Enfin, les trois Ordres en remerciant
le Roi de ses vues paternelles, & de

la création des Affemblées provinciales,
ont promis à Sa Majefté de s'occuper,
dans ces mêmes Affemblées, de tous
les moyens propres à affurer le bonheur des Peuples, & l'exécution complette des vues du Roi.

C'eft ainfi que s'eft terminée une
Affemblée qui, fous un Roi qui eût
infpiré moins de confiance, loin de
produire aucun bien, auroit pu même
être le germe de nouveaux malheurs ;
mais qui, dans les circonftances ac-
tuelles, a prouvé qu'il eft de toute
vérité, que dans une Monarchie, &
particuliérement en France, le patriotifme des Citoyens tient abfolument à
l'opinion que la Nation s'eft faite du
caractere de fon Roi, foit d'après fes
propres actions, foit d'après les vues
utiles & bienfaifantes qu'elle lui connoît
ou qu'elle lui fuppofe ; vérité bien
importante pour le bonheur des Peuples, & pour l'inftruction des Rois, &
dont l'application, dans le moment

B 3

préfent, eft également glorieufe, &
pour Louis XVI, & pour la Nation
Françaife.

Mais fi dans une Monarchie l'opinion
avantageufe que la Nation fe forme de
fon Roi, eft le premier mobile du patriotifme, s'il n'eft pas même de patriotifme dans cette forme de Gouvernement, fans cette condition, les mœurs
publiques marchent immédiatement
après.

Or les mœurs publiques dépendent
aujourd'hui en Europe, & finguliére-
ment en France, des femmes feules.

Que les femmes fe livrent moins au
luxe & à de vaines diffipations qu'elles
appellent des *plaifirs*, & les hommes
qui fe modelent fur elles, ne perdront
pas leur vie entiere à faire des riens, ou
à ne rien faire.

Que les femmes, au lieu de prodi-
guer toutes leurs attentions à de
fots automates dont le fexe eft une
énigme, bas & gauches Jokeis le ma-

tin, poupées fades & ridicules le soir ;
que les femmes s'environnent des dé-
fenseurs de la Patrie, qu'elles réservent
leurs égards pour les Citoyens de toutes
les classes, qui marquent par leur mé-
rite, alors elles se verront respectées,
& feront naître des hommes utiles à la
Patrie.

Que les femmes daignent faire leur
propre bonheur, en faisant celui de
leurs époux, de leurs enfants, & au
lieu de se livrer à des occupations qui
leur sont étrangeres, au lieu d'affecter
au péril de leurs mœurs, les goûts &
les travers des hommes, & d'oser même
en porter l'habit, au très-grand détri-
ment de leurs graces; qu'elles s'attachent
à développer dans l'intérieur de leurs
maisons, les talents dont la Nature les
a douées pour l'ordre & l'économie,
& bientôt la foule des célibataires dis-
paroîtra, ainsi que les abus qui en ré-
sultent; car, je le répete, ce sont les
femmes qui, en France sur-tout, don-

nent du reffort aux mœurs publiques, ou les étouffent à leur gré.

Il eft encore des caufes fecondaires & des moyens communs à toutes les formes de Gouvernements, qui tendent & fervent à exalter le patriotifme dans toutes les claffes, & à le propager parmi tous les individus de chacune de ces claffes.

J'expoferai ici quelques-uns de ces moyens, & commençant par les premieres claffes, je defcendrai graduellement aux dernieres : peut-être me verrai-je obligé de préfenter quelques idées que j'ai déjà mifes fous les yeux du Public, dans les Confidérations Politiques ; mais en admettant que ces idées foient utiles, elles ne fçauroient être trop fouvent difcutées, d'ailleurs elles tiennent directement à la queftion que je traite.

J'ai fouvent entendu répéter comme un reproche, que tels ou tels Miniftres étoient ambitieux de fe faire un nom ; certes, bien loin de leur en fçavoir mau-

vais gré, c'est ce que l'on doit le plus
defirer, & il me paroît que s'il est de
l'intérêt de l'Etat de modérer les récompenfes pécuniaires, il feroit également
de fon intérêt de donner une émulation
patriotique aux Miniftres, en confacrant dans les monuments publics les
grandes & utiles opérations de ceux qui
auroient rendu des fervices éclatants
dans leurs départements.

Par exemple, les Etats de Bretagne
ont décerné à Sa Majefté une ftatue qui
doit être placée à Breft; au lieu de
laiffer la ftatue du Roi ifolée & infigni-
fiante, ou de l'environner de chaînes &
de nations vaincues, idées rebattues &
odieufes, ne feroit-il pas plus conve-
nable, pour préfenter à la Nation, &
pour rappeller à la poftérité & aux Nations étrangeres les grandes créations
faites par Sa Majefté & par fon Miniftre,
dans la Marine & dans les différents
Ports de France, de mettre aux pieds
du Roi ce même Miniftre déployant de-

vant Sa Majesté le plan de la rade de
Cherbourg, ce monument de géants, fait
lui seul pour immortaliser un regne?....
Sur une des extrémités du plan, on
liroit en caracteres d'or : — Ports du
Havre & de Dunkerque creusés & augmentés , Ports de Cette, d'Agde &
de Vendre réparés ou plutôt recréés.
— Primes d'encouragement pour les
pêches, pour le commerce de la Baltique, &c. — Atlas général des mers,
& en particulier de la Baltique, dressé
par ordre du Gouvernement, pour la
sûreté des Navigateurs. — Subordina-
tion & discipline raffermies. — Fastes
de la Marine Française consacrés par la
peinture, à la postérité, aux frais de
l'Etat. — Nouveaux secours assurés aux
Invalides de la Marine & aux enfants
des Matelots. — Voyage autour du
monde ordonné & exécuté. — Com-
munication sûre, prompte & reguliere,
établie entre la France & les Indes
Orientales , d'une part, & entre la

France , les Antilles & l'Amérique , d'autre part, &c. &c.

Certes un pareil monument ne feroit plus infignifiant, il honoreroit la Nation qui le décerne, loin de la rendre fufpecte d'adulation , & deviendroit pour le Miniftre coopérateur du Monarque, la plus noble récompenfe qu'il puiffe ambitionner.

Les perfonnes qui ne réfléchiffent point fur les reffources de l'art & du génie des Artiftes, pourroient craindre peut-être que dans un pareil monument l'attention du Roi ne parût trop divifée entre ce qui fe pafferoit fur la rade, & l'objet intéreffant que lui préfenteroit fon Miniftre; rien de plus aifé que de parer à cette difficulté. — Le Roi dans une attitude noble, les yeux fixés fur la rade, étendroit avec feu le bras droit vers le goulet, & par ce gefte impofant défigneroit à fes efcadres l'ordre de fortir, pour protéger fes Sujets, & pour attaquer fes ennemis; & le bras gauche à moitié déployé vers le Maréchal, Sa Majesté paroîtroit prête à prendre le plan de la rade de Cherbourg que lui préfenteroit fon Miniftre.

L'on n'a peut-être pas fenti affez généralement combien le choix que l'on a fait de la ville, & fur-tout du port de Breft, pour placer la ftatue du Roi, eft important, politiquement parlant; en effet, jamais un vaiffeau, une efcadre, une flotte, n'entreront dans la rade, où n'en fortiront fans faluer le Roi de leur artillerie; or, je demande à quiconque connoît la Nation Françaife, & l'efprit des Matelots & du Militaire Français, s'il eft poffible de calculer à quel point la vue de leur Roi peut exalter leur imagination, & fi les honneurs qu'ils lui rendront avant de fortir pour combattre fes ennemis, ne feront pas des engagements folemnels de fe conduire en braves foldats & en dignes Français? Combien ne feroient-ils pas humiliés de reparoître vaincus devant leur Roi,

à moins que des forces majeures, ou
des circonftances impérieufes, ne les
difculpaffent aux yeux de la Nation?
Non, il n'eft pas poffible de prévoir
l'effet que produira fur notre Marine
l'érection de la ftatue du Roi à Breft,
& fa pofition en vue de la rade.

Je crois auffi qu'il feroit infiniment
utile de faire l'honneur aux Officiers
de la Marine, de donner leur nom à
un des vaiffeaux du Roi, quand ils
auroient rendu un fervice fignalé, en
protégeant ou fauvant des flottes mar-
chandes, ou en fe diftinguant d'une
maniere éclatante dans un combat
général ou particulier; je n'ai pas befoin d'obferver, en écrivant pour des
Français, quelle prodigieufe émulation
réfulteroit de cette fimple faveur, &
combien d'actions héroïques elle enfan-
teroit; la fimple réflexion fait fentir
qu'il feroit bien autrement ftimulant
pour des Français, de monter le Du-
quefne, le Tourville, le Duguai-

Trouin, le Jean Bart, le Suffren, le Durumain, le Mortemart, le Charitte, le Grimoard, &c. &c., que de commander la Junon, la Pallas, le Jupiter ou le Pluton.

S'il n'est pas possible de faire pour les Officiers des armées de terre ce que je propose pour ceux de la Marine, l'on pourroit, je crois, sans inconvénient, adopter le plan que j'ai déjà tracé en leur faveur dans la suite des Considérations Politiques; ce plan consiste à établir dans chaque régiment une caisse, dont les fonds seroient uniquement destinés à assurer des pensions suffisantes aux veuves & enfans des Officiers morts au service, & des retraites aux Officiers mutilés & estropiés, ou à ceux que l'âge ou les infirmités rendroient incapables de servir; cet établissement auroit le double avantage de soulager le Trésor Royal, & de rassurer les Officiers sur leur propre sort, & sur celui de leurs enfants & de leurs veuves.

Cette caiſſe ſeroit formée par la re-
tenue annuelle du quarantième de la
ſolde de tous les contribuables, depuis
le Colonel juſqu'au Sous-Lieutenant,
& les penſions ſeroient plus ou moins
conſidérables, ſuivant les années de
ſervice.

Le Roi, en adoptant ce plan & en
augmentant la ſolde actuelle des Officiers de tout grade, du quarantième que
je propoſe d'en déduire annuellement,
y trouveroit encore une économie con-
ſidérable, puiſque ſi la ſolde des Officiers de tout grade monte, par ſuppo-
ſition, à vingt millions, le Roi ne
l'augmenteroit que de cinq cents mille
francs ; or, il eſt inconteſtable que les
penſions que Sa Majeſté paie aux Officiers, ou à leurs veuves & enfants,
s'élevent à pluſieurs millions ; donc il
y auroit d'ici à quelques années une
économie notable pour le Roi, en
adoptant ce plan, & dans cette hypo-
thèſe, aucun Officier ne ſeroit inquiet

fur fon fort futur, ni fur celui de fa
famille, & aucun ne trouveroit fa déli-
cateffe bleffée de toucher fa penfion
fur la caiffe de fon régiment, puifque
chacun d'eux auroit contribué de fa
propre bourfe à former la maffe fur
laquelle fa retraite feroit affignée. Je
crois que cet arrangement ne pourroit
auffi qu'augmenter l'attachement des
Militaires pour leur état, & confé-
quemment tourneroit à l'avantage général.

Au furplus, rentrant dans mon fujet,
j'obferverai que fi la Capitale déçerne
un jour une ftatue à L o u i s XVI, il
conviendroit, écartant toute idée de
luxe, de rappeller au Peuple de cette
grande Métropole, que fon Roi s'eft
toujours occupé particuliérement d'a-
doucir fon fort & fes peines.

Or, une fimple ftatue pédeftre érigée,
foit dans la place que procurera naturellement & fans frais la deftruction
d'une grande partie de l'Hôtel-Dieu
actuel,

actuel, soit ailleurs, & représentant le
Roi portant une main sur son cœur,
& prenant de l'autre main, avec l'ex-
pression de la sensibilité dans les yeux,
le rapport de MM. les Commissaires
de l'Académie, relatif à la construction
des nouveaux hôpitaux, que lui présen-
teroit le Ministre de Paris, qui a favo-
risé de tout son pouvoir ce projet de
bienfaisance, seroit, sans doute, un
monument simple & sans faste, mais,
à coup sûr, le plus touchant & le moins
dispendieux de cette grande Capitale.

Sur la premiere feuille du rapport, l'on
pourroit tracer les noms de MM. les
Commissaires, & celui de M. Poyet,
qui a réveillé l'attention publique sur
cet objet.

Je ne sçais si je me trompe, en ju-
geant des sentiments des autres par les
miens; mais il me paroît que ce monument peu dispendieux pourroit devenir
l'objet d'une souscription volontaire,
&, à ce titre, faire aux yeux des étran-

gers, autant d'honneur à la Nation, qu'au Monarque même.

Si les Miniftres qui dirigent avec diftinction le Corps politique, fi les Guerriers qui le défendent, méritent d'être honorés & encouragés, les Magiftrats qui préfident au maintien de l'ordre & de la juftice dans l'intérieur, ne méritent pas moins la reconnoiffance de la Nation.

Ils jouiffent déjà de la confidération générale ; mais il feroit poffible de l'accroître encore, fi le Monarque jugeoit à propos de charger quelques-uns des anciens Magiftrats, que l'âge écarté du torrent des affaires, d'exercer un miniftere de confiance, qui auroit le double avantage d'écarter du Souverain la poffibilité de faire le mal d'aucun de fes Sujets, fans le fçavoir ou fans le vouloir, & de raffurer ceux-ci fur la crainte trop bien fondée, d'après les faits, d'être quelquefois victimes des furprifes faites à la religion du Roi, ou à celle de fes Miniftres.

Je veux parler des Lettres-de-cachet : dans des temps orageux l'on crut en avoir befoin pour s'affurer de Sujets puiffants, & dont la fidélité étoit ou paroiffoit fufpecte ; de nos jours où le refpect général pour les Loix, & le dévouement de toute la Nation pour le Trône, rendent de pareilles craintes chimériques, l'on a cru pouvoir en continuer l'ufage, pour fauver l'honneur des familles, & pour prévenir ou cacher des crimes particuliers ; mais ce qui, dans l'intention du Gouvernement, étoit originairement une précaution paternelle & falutaire, eft devenu trop fouvent, par la marche naturelle des chofes humaines, une arme meurtriere & terrible qui, contre l'intention du Monarque, & fouvent contre celle des Miniftres mêmes, porte le défefpoir & la mort dans le cœur d'une foule d'innocents, & qui frappant de terreur tous les Citoyens qui ne marquent point dans le monde d'une maniere tran-

chante, par leur naiffance, par leurs
places ou par leur fortune, (& il en
eft des millions) leur fait craindre,
d'après des exemples connus, de fe
voir un jour victimes de ce régime, à
l'infçu, & du Roi & même de fes Miniftres, foit d'après les paffions des
fubalternes, foit d'après les paffions,
bien plus odieufes encore, de leurs
propres parents.

Il eft temps, fous un Monarque ami
des Loix & de la Juftice, & fous des
Miniftres ennemis de la violence & des
abus d'autorité, il eft temps, fi l'on
juge encore les Lettres-de-cachet néceffaires dans certaines circonftances,
de raffurer au moins tous les Citoyens
contre les furprifes faites à l'autorité;
& le moyen que je vais propofer, en
rempliffant ce but falutaire, auroit encore l'avantage de procurer à des Magiftrats refpectables la plus noble & la
moins coûteufe des récompenfes, celle
d'être honoré de la confiance particu-

lière de leur Souverain, & de protéger l'innocence contre les pieges de l'intrigue & de la calomnie.

Ce moyen bien fimple feroit que Sa Majefté établît une Commiffion d'anciens Magiftrats d'une réputation intacte & d'une prudence éprouvée, dont l'unique fonction feroit de figner toutes les Lettres-de-cachet jugées néceffaires, de fe tranfporter deux fois par femaine à la Baftille & dans toutes les Maifons de force, & d'y voir fans témoins tous les prifonniers dont ils recevroient les plaintes & les Mémoires.

Deux fois par mois, ces Magiftrats feroient leur rapport à Sa Majefté, qui de cette maniere feroit toujours à portée de juger par elle-même du nombre des prifonniers, des caufes & des motifs de leur détention, & de la conduite des Gouverneurs ou autres prépofés à leur garde.

Par ce moyen, la Nation feroit raffurée, puifque fi l'on avoit le malheur

d'être arrêté par Lettre-de-cachet &
souftrait aux formes ordinaires de la
Juftice, l'on fçauroit du moins que l'on
trouveroit des confolateurs & des pro-
tecteurs dans des Magiftrats integres &
refpectables.

L'on fçauroit que le Roi feroit sûre-
ment inftruit de votre détention & de
fes motifs, & que par conféquent l'on
n'oferoit plus abufer de fon nom facré,
pour perdre & pour tourmenter des innocents.

L'on fçauroit que même étant cou-
pable, l'on trouveroit un terme à fa
punition, dans la clémence & la bonté
de fon Roi.

Enfin l'on feroit affuré que fi la faute
étoit irrémiffible, l'on ne feroit pas du
moins vexé par des Gouverneurs bar-
bares, d'une maniere qui répugne
également à la juftice du Roi & à
l'humanité, puifque ces cruautés
obfcures n'ont d'autre but que de
fatisfaire la cupidité ou la férocité de

tes préposés, ou de leurs subalternes.

Ceux-ci redoutant les visites des Magistrats, dépositaires de la confiance de Sa Majesté, se renfermeroient dans les bornes de leurs devoirs, & n'en deviendroient que plus dignes de leurs places.

Tous les infortunés qui habitent ces tristes lieux, sçauroient qu'on ne pourroit plus par avarice ou par caprice les priver impunément des soulagements que la bienfaisance du Roi leur destine; ces infortunés n'éprouveroient pas sur-tout le désespoir de penser qu'ils peuvent être oubliés (ainsi que cela n'est que trop souvent arrivé) dans ces Prisons Royales, après la mort ou le déplacement des personnes qui ont cru avoir quelqu'intérêt à les y faire renfermer.

Tel est le moyen bien simple de parer à tant d'abus, & tel est, suivant moi, un des moyens les moins coûteux & les plus nobles de récompenser le patriotifme de Magiftrats vertueux.

L'Ordre du Clergé renferme un grand nombre de Sujets, recommandables à tous égards, & cet Ordre vient récemment d'en donner la preuve en abjurant toute diftinction nuifible à fes Concitoyens, & en renonçant à des privileges contraires au bien de l'Etat & au bonheur des Peuples ; mais les motifs qui déterminent les Miniftres des Autels à faire & à donner l'exemple du bien, n'ayant rien d'humain, la feule récompenfe qu'ils en attendent, eft le témoignage de leur propre confcience : ils ne peuvent cependant empêcher que ce fentiment intérieur & fi fatisfaifant ne foit alors accompagné de l'eftime & de la reconnoiffance de leurs Concitoyens.

Une jufte confidération, toujours accompagnée d'une fortune plus ou moins confidérable, fruit légitime de feurs travaux, doivent être la récompenfe de l'honnête Négociant, de l'induftrieux Manufacturier & de l'Artiste ingénieux ; toutes les fois que ces Citoyens utiles jouiront de ce double avantage, ils feront attachés à leur Patrie & la préféreront à tout.

Le modeste & précieux Laboureur, l'Artisan laborieux, le Journalier moins heureux & moins exigeant encore, feront satisfaits & aimeront leur Patrie, quand ils verront le Gouvernement, ainsi que dans le moment actuel, s'occuper de leur fort & l'améliorer autant qu'il est possible, & quand, à l'exemple du Gouvernement, ils verront les Grands & les riches les compter au nombre des hommes, & contribuer à leur foulagement par des sacrifices généreux.

Les Matelots, cette classe d'hommes si précieuse & si importante, redoubleront d'attachement pour leur Patrie, quand ils se verront traités avec une humanité indulgente, très-compatible avec la fermeté de la discipline ; quand ils croiront que la Patrie servira après leur mort, de mere à leurs veuves & à leurs enfants ; quand ils sçauront qu'ils ont dans divers endroits de la France, comme les Matelots Anglais, à *Gréen-vich* & ailleurs, sinon des palais pour retraites, au moins des asyles décents & assurés.

Si en France l'on se décidoit à élever des retraites pour les Matelots, je croirois, comme je l'ai dit ailleurs, qu'il seroit très-utile pour le service de la Marine, de leur en construire une sur les rives de la Seine, dans le voisinage de la Capitale ; ce bâtiment frappant continuellement les yeux & l'imagination de la jeunesse de cette grande Ville, contribueroit probablement à procurer à la Marine une foule de Recrues, Mousses ou Matelots : ce seroit encore une disposition sage & bienfaisante que de placer dans ces maisons, pour soigner les malades & les vieillards, & pour entretenir le linge, les veuves

& les filles des anciens Matelots.

Le Soldat Français eft plein d'ame &
d'honneur, & naturellement attaché à
fa Patrie ; s'il déferte, ce n'eft le plus
fouvent que parce que dans les régle-
ments de difcipline, l'on a quelquefois
perdu de vue le caractere & le génie
national, ou bien par une fuite de fa
légéreté. Il eft aifé, quand on le vou-
dra, de remédier au premier inconvénient, & l'on pourroit mettre un frein
au fecond, en rédigeant fur les notes
qui en feroient données par les Etats-
Majors des Régiments, un Journal qui
contiendroit les belles actions des Soldats de chaque Régiment ; l'on en re-
mettroit, tous les trois mois, deux
exemplaires à chaque Compagnie, &
tous les jours on en feroit la lecture
pendant un quart-d'heure dans les ca-
fernes.

Cet ufage, en confacrant la mémoire
de mille traits de valeur & de vertu,
éleveroit encore l'ame du Soldat Fran-

çais, lui donneroit une haute opinion de lui-même & de ses camarades, & par cela seul pourroit le dégoûter du service étranger : des travaux modérés & qui procureroient aux Soldats une petite gratification journaliere, seroient sans doute aussi très-utiles pour remplir ce but salutaire. Il est à présumer que la suppression des corvées en nature, & le projet économique de fixer les Régiments pendant sept à huit années dans les mêmes garnisons, pourront amener l'exécution d'une partie de ces vues, & redoubler l'attachement de nos Soldats pour leur Patrie, en les occupant utilement & en améliorant leur sort.

Enfin la classe des Citoyens la plus malheureuse, est sans doute celle des Enfants-trouvés, destinés par le crime & la barbarie de leurs parents, ou par leur extrême misere, à ne jamais prononcer les noms si doux de pere, de mere, de frere & de sœur !.... Devenus enfants de l'Etat, qui a pris foin de leurs premieres années, il feroit digne d'un Gouvernement humain de ne pas les abandonner dans leur adolefcence; & pour qu'ils puffent rendre un jour à l'Etat des fervices, après en avoir reçu des fecours; il feroit à defirer qu'il fût poffible de les fixer dès le premier âge, dans les cantons de nos Provinces les moins habités & les moins cultivés; & là, lorfqu'ils feroient parvenus à l'âge de faire un choix entre le fervice militaire ou le travail des terres, leur laiffer la liberté d'opter : s'ils prenoient le dernier parti, l'Etat donneroit à chacun d'eux quelques arpents de fri-ches fufceptibles de culture, une chau-miere, quelques beftiaux, & des inf-truments de labour; s'ils entroient au fervice, après deux ou trois engage-ments expirés, le Roi feroit don égale-ment, à ceux qui voudroient en fortir, de terres cultivables, de beftiaux, &c. & enfin les uns & les autres feroient libres de choisir des épouses parmi les filles déposées aux Enfants - trouvés, dont l'Etat auroit également pris soin, & qui l'indemniseroient alors par leur mariage, & par les enfants qu'elles donneroient à la Patrie, des dépenses que l'on auroit faites pour elles.

J'estime que si ce plan étoit mis à exécution, il en résulteroit entr'autres avantages, celui d'attacher inviolablement cette nombreuse classe d'individus à la Patrie bienfaisante qui auroit tout fait pour eux.

Au reste, je suis convaincu que le plus sûr moyen d'opérer sur cet objet, comme sur une infinité d'autres, tout le bien possible & de la maniere la plus avantageuse, étoit d'établir les Assemblées Provinciales; & je ne doute pas que leurs opérations ne tendent à développer & à fortifier l'amour de la Patrie, dans toutes les classes de Citoyens, & dans le cœur de chaque individu.

FIN.

BIBLIOTHÈQUE
NATIONALE

CHÂTEAU
de
SABLÉ
1989

www.ingramcontent.com/pod-product-compliance
Lightning Source LLC
Chambersburg PA
CBHW071011280326
41934CB00009B/2260